LEA AUBERT

HOROSKOP DER LIEBE

AF288364

STERNZEICHEN

LÖWE

FSC
www.fsc.org
MIX
Papier aus ver-
antwortungsvollen
Quellen
Paper from
responsible sources
FSC® C105338

Ausgabe 2014
Umschlaggestaltung: Allen Lee
Titelabbildungen: aus Bildern von dreamstime.com
Herstellung und Verlag: Books on Demand GmbH, Norderstedt
Printed in Germany

ISBN 9783839121665

Inhalt

Das Sternbild des Löwen

Leo

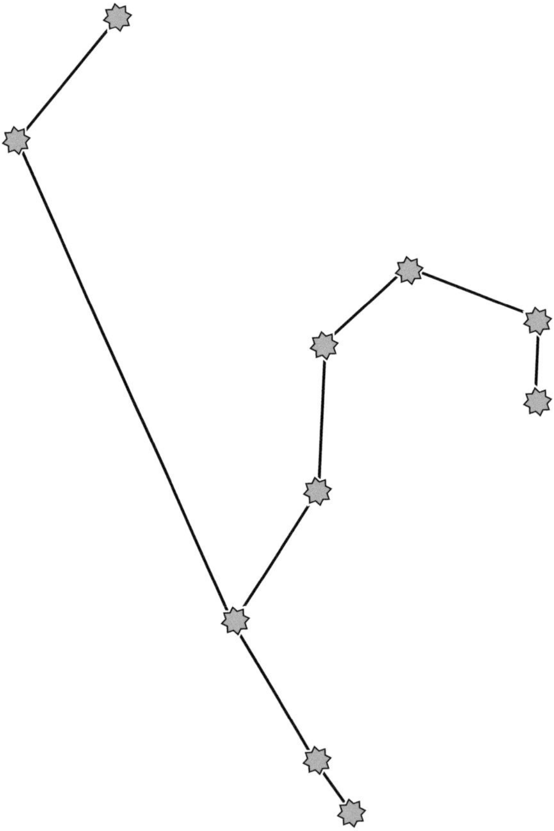

Die Sage des Löwen

Die griechische Mythologie erzählt uns von den zwölf Taten des Herakles. Gleich die erste Aufgabe, die der Held von König Eurystheus auferlegt bekam, sollte ihn zum Nemeischen Löwen führen. Das Untier, das im Auftrag von Hera im Blutrausch um die Stadt Nemea wütete, sollte er töten und mit dem Fell nach Hause zurückkehren.

Herakles fand das Untier. Er schoss alle seine Pfeile ab, die jedoch am harten Fell des Löwen abprallten. Hier erkannte Herakles, dass er es mit einem göttlichen Fabelwesen zu tun hatte. Als es ihn ansprang und zerfleischen wollte, griff er nach einer riesigen Keule und schlug das Tier in die Flucht. Der Löwe versteckte sich in einer Felsspalte. Als er wieder hervorkam, rang ihn Herakles nieder und erwürgte ihn mit übernatürlicher Kraft. Er zog dem Tier das Fell ab und verwendete es fortan als schützenden Umhang.

Als Herakles mit dem Fell zum König zurückkehrte, traute dieser seinen Augen kaum. Er bekam es mit der Angst zu tun. Noch nie hatte er einen Kämpfer erlebt, der solche übernatürlichen Kräfte besaß.

Die Göttermutter Hera setzte den Löwen als Sternbild an den Himmel, wo er heute noch über uns schwebt.

5

Die Löwe-Frau

Eine Löwe-Frau erkennt man gewöhnlich schon an ihrer Körperhaltung. Selten hält sie den Kopf gesenkt oder geht gekrümmt. Sie hält ihren Körper fit und hat meist ein Abo bei einem Fitnessstudio. Wie ihren Körper, trainiert sie auch ihren Geist. Sie ist eine Frau, die vor Herausforderungen und neuen Aufgaben selten zurückschreckt. Viele Löwe-Frauen muten sich auch zuviel zu und stehen permanent unter Zeitdruck. Ihre gesunde Verfassung erlaubt es ihnen allerdings, diesen Stress auf die leichte Schulter zu nehmen.

Als Königin der Tierkreiszeichen liebt die Löwe-Frau Bewunderung. Dafür ist sie bereit viel Geld auszugeben. Ihre Garderobe ist meist geschmackvoll und von bester Qualität. Sie kauft ihre Kleidung kaum beim Discounter und spart genauso wenig an exklusiver Unterwäsche. Entblättert sie sich für einen Mann, will sie als Gesamtkunstwerk wahrgenommen werden – diese etwas selbstherrliche Art, kann manchmal störend wirken. Jedoch finden sich immer wieder Männer die ihren Reizen erliegen und sie mit Komplimenten überhäufen.

Sie arbeitet zielorientiert und kann lange auf die richtige Gelegenheit warten. Dann ist sie blitzschnell auf dem richtigen Posten. Sie verpasst selten eine günstige Gelegenheit. Das macht sie manchmal zu einer Kollegin, die mir Argwohn betrachtet wird. Hat sie ihr Ziel erreicht, ist sie meist beruhigt und lehnt sich zurück. Nun kann sie regelrecht lethargisch werden, bis sie die nächste Herausforderung vor Augen hat.

Männer, die mit einer Löwe-Frau eine Beziehung führen, sollten sich aus diesem Grund vor Langeweile hüten. Wird es ihr einmal richtig langweilig, ist die imstande das allzu bequeme Nest zu verlassen und sich Männern anzuschließen, die sie geistig und körperlich mehr herausfordern.

6

Wie schon zu vermuten ist, hat sie einen Hang zum Luxus. Das bringt leider mit sich, dass sie ihr Geld gerne ohne große Überlegungen ausgibt und mit gefüllten Taschen nach Hause kommt. Sparen liegt einer Löwe-Frau weniger. Bei ihr muss sich das Geld in schöne Dinge verwandeln – sonst hätte das Arbeiten für sie keinen Sinn.

Sie lebt gerne im Jetzt und hängt kaum Träumereien nach. Das was sie hat, genießt sie und hadert nicht mit sich, weil sie eine Chance verpasst hat. Das macht sie zur geborenen Optimistin. Mit ihrem Elan kann sie Freunde und Kollegen mitreißen. Als Teamleiterin oder Chefin ist sie eine ideale Führungsperson, die ihre Mitarbeiter gerecht behandelt und stark motiviert. Das Delegieren liegt ihr mehr als die Arbeit mit den eigenen Händen. Sie schart deshalb gerne Personen um sich, die ihr Arbeit abnehmen und die sie auf Gebieten unterstützen, die sie nicht so gut beherrscht. Aufgrund dieser Art, baut sie oft große soziale und geschäftliche Netzwerke auf, in denen sie für jede Aufgabe den richtigen Experten findet.

Als Verehrer einer Löwe-Frau sollte man sich darüber klar sein, dass man von nun an für alle Männer-Aufgaben im Hause zuständig ist. Dazu zählen das Tragen von Sprudelkisten und das Abholen der Kinder vom Kindergarten.

In einer Beziehung kann es manchmal zu Machtkämpfen kommen. Löwe-Frauen ordnen sich selten unter und wollen immer als emanzipierte Frau gesehen werden. Männer, die ein Heimchen am Herd suchen, sind bei ihr eindeutig an der falschen Adresse. Sie hasst nichts mehr, als sich gegen ihren inneren Willen einschränken zu müssen. Sie ist genauso wenig bereit, sich für ihren Partner großartig zu ändern. Entweder man nimmt und liebt sie so, wie sie ist – oder man sollte keine Partnerschaft mit ihr anstreben.

Auf Freunde wirkt sie mitunter egozentrisch. Wenn sie sich eine Meinung gebildet hat, kann sie grausam im Urteil über Mitmen-

schen sein. Sie verschweigt ihre Ansichten fast nie und würde nie eine andere Meinung nur um des Frieden Willen vertreten. Ihre innere Überzeugung ist ihr wichtig und sie ist in dieser Angelegenheit prinzipientreu. Das kann einen Partner manchmal zur Verzweiflung bringen, da er keine Möglichkeiten findet, Einfluss auf einen einmal von ihr gefassten Entschluss zu auszuüben.

An einen Partner stellt die Löwe-Frau in punkto Gleichberechtigung hohe Erwartungen. Sie wird sich selten in eine Rolle fügen, die sie auf die Tätigkeiten einer Hausfrau beschränkt.

In ihrer Freizeit kann sie auch kreativen Betätigungen viel abgewinnen. Sie besucht gerne Kurse oder unternimmt Reisen, die sie geistig herausfordern. Im Herzen ist sie manchmal romantisch und liebt die sonnigen Regionen des Planeten. Ein Pauschalurlaub kann ihr jedoch auch zur Entspannung genügen. Dann kümmert sie sich um nichts und lehnt sich mit Lesestoff zurück.

Humor ist ihre Stärke. Ist sie Teilnehmer eines lustigen Gesprächs, hat sie die Lacher meist auf ihrer Seite. Sie lacht gerne mit, wenn andere sie aufziehen und kann schlagfertig reagieren. Dabei ist sie selten verletzend und kann sehr gut zwischen Spiel und Ernst unterscheiden. In der Regel sucht sie sich einen humorvollen Mann, der sie oft zum Lachen bringt. Denn Spaß bedeutet ihr viel im Leben. Grüblern und Nörglern geht diese Frohnatur schon von vornherein aus dem Weg. Sie wäre zwar in der Lage sie mit ihrem Sinn für die schönen Dinge des Lebens aus dem Sumpf zu ziehen – jedoch ist ihr das meist die Mühe nicht wert. Dafür beschäftigt sie sich einfach zu gerne mit der Sonnenseite des Lebens und ist im Herzen Egoistin genug, um nicht Gefahr zu laufen, als Spaßmacherin missbraucht zu werden.

Ihre Partys sind allgemein bekannt für exklusives Ambiente und gutes Essen. Bei ihr braucht auch niemand etwas zum Essen mitzubringen. Wenn sie Gastgeberin ist, müssen sich die Gäste nur gut unterhalten – für ihr Wohl ist bestens gesorgt.

Erotische Vorlieben der Löwe-Frau

Eine Löwe-Frau wird selten die Initiative bei einem Flirt ergreifen. Dazu weiß sie einfach gut genug, dass sie eine begehrenswerte Frau ist. Sie sucht einen Mann, der selbstbewusst genug ist, den ersten Schritt zu tun. Seltener kommt es vor, dass sie sich selbst einen Mann als Ziel aussucht. Dann zieht sie alle Register, um ihr Glück in eigenen Händen zu halten.

So liebt sie es auch, im Bett zuerst passiv zu sein. Sie ist die Person, um die sich der Akt drehen soll. Von ihrem Partner fordert sie Einfühlungsvermögen und einen Sinn für ihre jeweiligen Vorlieben. Einige Löwe-Frauen lieben es zu baden und dieses Vergnügen als Vorspiel zu genießen.

Ist die Lust in ihr erst einmal geweckt, gibt es für sie kein Zurück mehr. Bis sie befriedigt ist, hat sie unglaublichen Spaß am Sex, der ihrem Partner einiges an Kondition abverlangt. Kommt sie zum Orgasmus, ist sie ein Kuschel-Typ, der noch lange im Arm gehalten werden will. Nicht selten will sie noch einmal Sex. Und Männer, die die Technik des multiplen Orgasmus beherrschen sind ihre Favoriten. Ist das Feuer in ihr entfacht, kann sie zum Tier werden. Sie setzt dabei ihren ganzen Körper ein und schreit oder stöhnt laut auf. Sensiblere Männer können hier einige Schrecksekunden erleben.

Im Grunde wünscht sie sich einen Mann, der beim Sex ebenfalls zum Tier wird. Leichte Schmerzen oder auch SM-Spiele liegen ihr. Ist sie im Alltag tonangebend, gibt sie im Bett schnell auf und unterwirft sich in ihrer Erregung. Hat er jedoch keine Kraft, wird sie wieder die Richtung vorgeben, um sich selbst zu befriedigen. Sie ist kein Typ, der unbefriedigt aus dem Bett steigt. Kommt das vor, schlägt es auf ihre Stimmung. Dann sollte sich der Mann in acht nehmen und ihr schnellstmöglich jede nur denkbare Aufmerksamkeit zukommen lassen.

9

Der Löwe-Mann

Der Löwe-Mann fühlt sich als herausragendes Exemplar der Gattung Mensch. Er hat ein angeborenes Selbstvertrauen, von dem andere Tierkreiszeichen nur träumen können. Allerdings läuft er dadurch Gefahr, sich zu überschätzen. Seine Mitmenschen empfinden ihn deshalb manchmal arrogant oder überheblich.

Er legt meist sehr viel Wert auf sein Aussehen und präsentiert sich in guter Kleidung. Geht er zu einer Party, wird er immer beachtet. Er genießt es, wenn sich schnell eine Gruppe um ihn bildet, in der er es ist, der das Gesprächsthema vorgibt. Hier ist er ein guter Unterhalter und auf eigenen Partys ein eloquenter Gastgeber, der jedem Gast das Gefühl gibt, etwas ganz Besonderes zu sein.

Ein Löwe-Mann treibt gerne Sport, am Liebsten in Gesellschaft. Ist er in einer Fußballmannschaft, wird er gerne zum Kapitän gewählt. Denn er ist ein Spieler, dem Respekt entgegengebracht wird. Er kann den Ton angeben sowie Streitereien schlichten. Diese guten Eigenschaften machen ihn auch in seiner Firma zu einem geschätzten Mitarbeiter.

Der Mann mit der Mähne hat ein ausgesprochenes Qualitätsbewusstsein, das er aus innerster Überzeugung vertritt. Natürlich offenbart sich das auch als teure Uhr an seinem Handgelenk, obwohl diese Ausgabe eigentlich einmal wieder seine finanziellen Verhältnisse sprengt. Löwe-Männer werden manchmal ihr gesamtes Leben von Geldproblemen verfolgt. Er hätte gerne sehr viel mehr Geld, um davon Luxusgegenstände wie exklusive Uhren, Handys, Laptops und Autos zu kaufen. Leider ist oft nicht mehr soviel Geld übrig. Kommt er zu Geld gibt er es genau so schnell und ohne schlechtes Gewissen aus. Er neigt nicht zur Sparsamkeit und kann Mitmenschen, die ihre Sparsamkeit zur Schau tragen, nur belächeln. Das macht ihn leider zu einem Mann, mit dem einige Frauen ihre Probleme haben. Denn die

10

Frau ist es, die sich dann einschränken muss. Stellt sie ihn zur Rede, hat er immer gute Gründe für seine Anschaffungen und ist nie um eine Ausrede verlegen.

Extrovertiertheit gehört zu seinem Charakter wie ein wenig Eitelkeit. Er liebt es, beachtet und bewundert zu werden. Er hat viel Humor und ist ein lustiger Zeitgenosse, der für jeden Spaß zu haben ist.

Das Herz des Löwe-Mannes ist groß. Er wird einer Person, die in Schwierigkeiten gekommen ist, ohne Hintergedanken helfen. Frauen, die in ihrer vorherigen Beziehung schlecht behandelt worden sind, ist er ein Kavalier alter Schule. Er hat immer ein offenes Ohr und hat immer die richtigen tröstenden Worte. Diese Eigenschaften legt er auch nicht ab, wenn er in einer festen Beziehung lebt, was bei seiner Partnerin manchmal auf berechtigte Kritik stößt. Denn er führt stundenlange Gespräche mit ihrer besten Freundin, wenn sie Liebeskummer hat. Überhaupt ist er ein sehr guter Frauen-Versteher. Er besitzt meist eine Gabe, die einige Männer nie ihr eigen nennen können: eine Aura, die Vertrauen erweckt und Misstrauen abbaut.

Nicht selten sucht er sich Berufe, in denen er viel mit Menschen oder menschlichen Auseinandersetzungen zu tun hat. Als Anwalt macht er genauso eine gute Figur wie als Sozialarbeiter oder Polizist. Zwischenmenschliche Probleme reizen ihn und er arbeitet dann ehrgeizig daran, das Gleichgewicht zwischen den Parteien wieder herzustellen.

Obwohl er seiner Partnerin einige Toleranz abverlangt, neigt er zur Eifersucht. Er ist jemand, der nicht sehen kann, dass sich seine Liebste stundenlang mit einem fremden Mann unterhält. Auch ihre Geschichten aus dem Büro registriert er gewöhnlich mit Argwohn und stellt manchmal die abstrusesten Vermutungen an, warum seine Partnerin heute wieder zwei Stunden länger bei der Arbeit war. Er ruft sie gerne an – einerseits, weil er immer wissen will, wo sie ist, andererseits, weil er dann immer spürt,

11

wie sie ihn liebt. Er mag nichts lieber als Liebesbezeugungen. Davon kann er einfach nie genug bekommen. Eine Frau, die diese Schwäche kennt, wird mit ihm leichter zusammenleben können und auch depressive Phasen aufhellen können. Löwen-Männer sind kaum nachtragend. Sie vergessen schnell und lassen sich ebenso schnell durch eine gute Stimmung oder einen passenden Lösungsvorschlag umstimmen.

Einen Fehler zuzugeben fällt dem Löwe-Mann schwer. Auch sich zu entschuldigen hat er nie gelernt. Er stellt sehr große Ansprüche an seine Unfehlbarkeit. Deshalb wird er nie um eine Ausrede verlegen sein und einen Fehler kaum einräumen. Sein Gesicht will er immer bewahren. So zieht er sich lieber aus einem Streit zurück oder kündigt sogar seine Stelle, nur um nicht als Verlierer hervorzugehen.

Ein Löwe neigt nicht zum Jähzorn. So ist er ein idealer Vater und Erzieher, der seine Kinder freundschaftlich fördert. Er beschützt sie und hält immer ein wachsames Auge auf ihren Umgang. Er ist ein Mann, der sich sogar in den Elternbeirat wählen lässt, nur um genau zu wissen, mit wem es seine Kinder im Kindergarten und in der Schule zu tun haben. Dort stellt er kritische Fragen und ist immer darauf bedacht, Missstände auszuräumen.

Als Freund ist der Löwe-Mann verlässlich und treu. Er ist zwar bei seinen Freunden wegen seiner abenteuerlustigen Art beliebt, sie schätzen ihn aber genauso weil er ein Geheimnis für sich behalten kann. In seinem Freundeskreis ist er auch für seine männlichen Freunde ein Ansprechpartner in Beziehungsfragen. Hier kennt er sich aus und hat immer einen Tipp auf Lager, der weiterhelfen kann.

Wird er von seiner Frau als starker Mann nicht mehr geschätzt oder belächelt, erträgt er diesen Zustand nicht. Er wendet sich dann schnell einer anderen Partnerin zu, die seine Eigenschaften zu schätzen weiß.

12

Erotische Vorlieben des Löwe-Mannes

Ein Löwe-Mann legt keinen besonderen Wert auf ein langes Vorspiel. Nacktheit ist für ihn eine natürliche Sache. Muss er unendlich lange darauf warten bis sich seine Partnerin entblättert, hat das für ihn wenig mit Spannung zu tun – das langweilt ihn eher. Er bewundert nackte Frauen und betrachtet gerne einschlägige Magazine oder Filme.

Seine Partnerin kann gerne im Bett das Tier spielen. Er wird schnell herausfinden, was wirklich hinter einer vielleicht gespielten Fassade steckt. Er hat mehr Ausdauer als manchen Frauen lieb ist und setzt sie kräftig ein. Im Erregungszustand kann er vollkommen entrückt sein und in Raserei verfallen. Hier kann er seine Partnerin so stark umarmen, dass sie mit der Luft ringen muss.

Ist seine Sexpartnerin zu passiv, törnt ihn das ab. Er betrachtet gerne ihr Gesicht, wenn sie vor Erregung zittert. Gleichzeitig ist er ein Genießer. Er liebt es, wenn sie sich stundenlang mit seinem Körper und vor allem mit seinem Geschlechtsorgan beschäftigt. Hier ist er fixiert auf Zungenspiele und wird alles dafür tun, seiner Partnerin diese Spielart schmackhaft zu machen. Nicht selten ist er sehr Körperbewusst und pflegt seine Haut mit weiblicher Sorgfalt. Er kann lange im Bad zubringen und sich den kompletten Körper enthaaren. Er liebt auch seine Partnerin am liebsten glatt und unbehaart.

Als Partnerin eines Löwe-Mannes sollte man sich davor hüten, ihm einen Orgasmus vorzutäuschen. Er hat so oft in seinem Leben mit Frauen geschlafen, dass er den Unterschied schnell bemerkt und sich sehr zu Herzen nehmen kann. In einem solchen Fall sei eher dazu geraten, die Dinge beim Namen zu nennen und unerfüllte Wünsche auszusprechen. Der Löwe-Mann kann gut zuhören und wird alles tun, um seine Partnerin zu verwöhnen.

13

Was Löwe und Partner verbindet

Ob es in einer Beziehung Harmonie oder Streit gibt, ist nicht immer nur Sache der Charaktere. Man spricht nicht umsonst vom guten Stern, der über einigen Beziehung steht. Eine Liebe, die ein Leben lang anhält, ist der Wunschtraum vieler Menschen in einer heute sehr schnelllebig gewordenen Zeit. Fast alle sehnen sich danach, im Partner die Person gefunden zu haben, mit der alle Schwierigkeiten im Leben zu meistern sind. Zudem darf eine harmonische Beziehung nie soweit abkühlen, dass sich die Partner auseinander leben. Hier kann ein Blick in das Partnerhoroskop helfen. Eventuelle Spannungen können so früh neutralisiert werden. Denn nur wenn Probleme früh erkannt werden, lassen sie sich schnell und unkompliziert lösen.

Zu einer vollkommenen Liebe gehört eine erfüllte Sexualität. Hält geistige und körperliche Verbundenheit sich die Waage, wird eine Beziehung in der Regel immer unter einem guten Stern stehen. Aber welche Vorlieben hat der Partner im Bett? Das ist eine viel zu selten gestellte Frage, die für einige Paare in der Trennung endet. Das muss nicht so sein.

Je mehr Sie sich mit den Vorlieben Ihrer Partnerin oder ihres Partners beschäftigen, desto erfüllender können die intimen Stunden für Sie beide werden.

Nachfolgende Partnerkonstellationen führen verborgene Wünsche und Abneigungen offen auf, die Ursache für Unlust im Bett sein können. Unterhalten Sie sich darüber mit ihrem Partner. Oftmals wird erst so ein lange gehegter Traum Wirklichkeit. Natürlich ist beim Sex alles erlaubt, was gefällt. Auch wenn Ihre Neigungen nicht genau den hier beschriebenen Praktiken entsprechen, finden Sie viele Anregungen, die das Sexualleben beleben können.

15

Widder als Partner des Löwen

Widder und Löwe sind dominante Tierkreiszeichen. Als der König der Tiere ist der Löwe gewohnt, auf seine Stärke und seine Kraft zu vertrauen. Da der Löwe selten ängstlich oder bekümmert ist, kommt sein Charakter dem Widder ganz entgegen. In einer Beziehung agieren beide Partner meist auf Augenhöhe, wobei der Löwe eher Bewunderung fordert, der Widder hingegen seinen Führungsanspruch auch hier nicht aufgeben will. Das ist aber kein Nachteil, da der Löwe diese Kleinigkeit oft gar nicht bemerkt. Für ihn zählt es, seine abgesteckten Ziele weiter verfolgen zu können.

Gründen beide eine Familie, treiben sich die Partner gegenseitig zu Höchstleistungen. Nicht selten arbeiten sie schnell wieder Vollzeit und gönnen sich nur wenig Urlaub.

In Beziehungen, in denen der Löwe die ihm eigenen Führungsqualitäten ausleben will, muss der Widder zurückstecken, um ohne Blessuren durchs Leben zu kommen. Der Löwe wird in dieser Konstellation selten nachgeben. Will er seine Stärke mit Macht ausspielen, kann der Widder oftmals hier nicht auf Dauer dagegen halten. Der Widder geht dann als Verlierer aus der Konfrontation. Da Widder lieber auf der Gewinnerseite agieren, sollten Löwen nicht immer alle Register ziehen, um an ihre Ziele zu kommen. Gerissene Wunden heilen beim Widder nicht so schnell, wie er vielleicht vermutet.

Kann der Löwe seine Kraft zügeln und der Widder seinen dominanten Charakter zurückhalten, lieben sich beide oft ein Leben lang, sind ausgesprochen glücklich und voller Tatendrang.

Das Liebesspiel des Löwe-Widder Paares

Genau wie in der Liebe steht beim Sex alles unter einem günstigen Stern. Löwen kommen ebenso wie Widder schnell und ohne Umschweife zur Sache. Natürlichkeit liegt ihnen und sie mögen es nicht, wenn der Partner stundenlang im Bad verbringt.

Der extrovertierte Löwe versteht es, mit der Lust des Widders umzugehen. Nicht selten haben beide ungestümen Sex, der dem Anschein nach, wenig mit Zärtlichkeit zu tun hat. Aus diesem Grund bevorzugen beide auch schnörkellose Nacktheit ohne Spielereien. Der Löwe kann die Dominanz des Widders durch seine eigene Kraft bändigen und ihn durch kraftvollen Sex zur Ekstase bringen. Das Flirten sehen beide Partner als natürlichste Sache der Welt und liegen – haben sie sich einmal gefunden – schnell zusammen im Bett. Schuld daran ist die bei beiden stark ausgeprägte Libido, dir hier beim Partner auf ein Gegenüber trifft, dass genau seinen Neigungen entspricht.

Oftmals genügt ein kleiner Augenaufschlag, ein besonderer Blick oder eine fast beiläufige Berührung des Widders, um das Blut des Löwen in Wallung zu bringen. Es steht dann allerdings nicht eindeutig fest, von wem die ersten Signale ausgegangen sind. Ohne Worte kann es richtig heiß zur Sache gehen. Das Widder-Löwe-Paar sollte sich aber vor Partnertausch, Swingerclubs und ähnlichen Spielchen hüten. Denn jeder, Widder oder Löwe, kann in Fremdgehen und Eifersucht seine negativste Seite zeigen. Das Vertrauen in den Partner ist dann ein für allemal dahin.

17

Stier als Partner des Löwen

Stiere, die sich selbst sehr wichtig nehmen, werden mit Löwen nicht gut auskommen. Löwen neigen dazu, sich selbst gerne in den Mittelpunkt zu stellen. Wird diese Eigenschaft des Löwen akzeptiert, ist der Stier ein passender Partner.

Beide haben genug Energie, um ihr Leben zu meistern. Sie verspüren bei gemeinsamen Projekten kaum Müdigkeit und spornen sich gegenseitig zu Höchstleistungen an.

Der Löwe geht allerdings nicht so sorgsam mit dem Ersparten um. Einen Stier, der auf diesem Gebiet nüchtern und wohlüberlegt handelt, kann das mitunter aus der Fassung bringen. Hier sind Spannungen vorprogrammiert.

Ein Löwe sollte seinen Stier oft wissen lassen, dass er seine Einwände und Bedenken ernst nimmt und diese Ratschläge auch das eine oder andere Mal wirklich beherzigen.

Ein Stier neigt dazu, einen angenehmen Zustand bewahren wollen. Ihm tut es deshalb gut, ab und zu auch einmal seinen ruhenden Pol zu verlassen und etwas über die Strenge zu schlagen.

Im Löwen hat der Stier einen Partner gefunden, der seine starke Hand über die Familie hält. Ein Löwe-Stier-Paar hat oft einen ausgeprägten Hang zum luxuriösen Leben. Löwen umhegen ihren Partner und sind wunderbare kraftvolle Liebhaber. Besonders in der Anfangszeit einer solchen Beziehung wird der Löwe großzügig und spendabel sein.

18

Das Liebesspiel des Löwe-Stier Paares

Solange der Löwe denkt, er wäre derjenige, der die Richtung und die Stellung angibt, ist alles in Ordnung. Stiere, die sich Techniken angeeignet haben, die Kraft des Löwen in die richtige Bahn zu lenken, können sich glücklich schätzen. Denn ist der Löwe einmal in Fahrt, gibt es selten ein Zurück. Das gilt allerdings ebenso für den Stier.

Wenn also das Liebesspiel schon am Anfang zwischen den Partnern gut funktioniert, wird es auch in Zukunft so bleiben. Denn beide lieben kraftvollen Sex ohne Verzögerungen. Der Löwe mag dominante Stellungen, bei denen er seine Beute vor sich sieht. Er mag nicht gerne einfach nur genommen werden. Ein Stier hingegen kann sich auch mit einer passiveren Rolle abfinden. Er wird in der Regel die kräftige Art des Löwen genießen.

Vor Machtspielen im Bett sei allerdings gewarnt. Löwen wie Stiere können ungehalten reagieren, wenn sie merken, dass sie nicht mehr Herr der Lage sind. Deshalb sollte auf Spielarten verzichtet werden, die den anderen in seinen Aktionen einschränken. Nicht selten ist für sie nichts schlimmer, als festgehalten oder gar gefesselt zu werden.

Auf Sexspielzeug können beide getrost verzichten. Sie finden im Gegenüber einen Partner, der sie vollauf erregen und befriedigen kann. Dazu Spielzeug verwenden zu müssen, kommt beiden sowieso eher lächerlich vor – denn es wäre ein Zeichen des eigenen Unvermögens.

19

Zwillinge als Partner des Löwen

Zwillinge finden in Löwen meist ideale Partner. Am astronomischen Himmel sind hier kaum Wolken auszumachen.
Zwillinge schätzen an Löwen ihre großzügige und tolerante Art. Während Löwen von der Wandlungsfähigkeit und Abenteuerlust der Zwillinge angezogen werden.
Beide lassen sich in dieser Verbindung meist sofort alle Freiheiten, die für die Entfaltung der Persönlichkeiten notwendig sind.
In dieser Konstellation wird es selten notwendig sein, den anderen nach seinen Wünschen zu ändern. Die Partner sehen recht schnell, woran sie sind und dass sie sich auf einander verlassen können – auch in schweren Zeiten. Für eine lange Ehe ist dieses Paar wie geschaffen.
Zwilling und Löwe sind meist zufrieden und unterstützen sich gegenseitig bei der Lebensplanung. Sie arbeiten gerne in ähnlichen Berufen und können sich für die Tätigkeiten des Partners begeistern. Das schafft ideale Voraussetzungen, auch den Alltag aktiv und mit Freude zu gestalten. Nicht selten wird ein solches Paar auch einmal den Wunsch in sich tragen, auszuwandern und neue Herausforderungen ganz fern der Heimat zu suchen.
Obwohl der Löwe eher zur Großzügigkeit neigt, ist er in dieser Konstellation derjenige, der das Geld zusammenhält und die zukünftige Lebensplanung in die Hand nimmt. Der Zwilling fühlt sich deshalb keineswegs entmündigt. Er vertraut seinem Löwen.

Das Liebesspiel des Löwe-Zwillinge Paares

Der Löwe gibt hier den Ton an. Er findet im Zwilling einen wandlungsfähigen Spielgefährten, der zu allen Schandtaten bereit ist. Nicht selten wird man die beiden an den unmöglichsten Orten erwischen.

Ist der Tisch abgeräumt, kann er für beide schon zur Spielwiese werden – auch wenn es unbequem ist. Abenteuerlust und Extravaganz kennen bei diesem Paar keine Grenzen. Sie können ganz in Hingabe versinken und sich regelrecht verschlingen. Beide vergessen dann alles um sich herum.

Im Urlaub haben die beiden den besten Sex. Hier finden sie unbekannte Menschen, Orte, Temperaturen, Gerüche, usf. Diese Reize wirken sich positiv auf die Libido der Beiden aus.

Der Löwe nimmt beim Sex gerne eine dominante Stellung ein. Der Zwilling genießt das, wie kaum ein anderes Sternbild. Nicht selten sucht der Löwe auch den Mund des Zwillings, der diese Spielart meist gerne mag. Denn er wird dafür vom Löwen sehr geschätzt.

Löwe wie auch Zwilling mögen es beim Sex etwas härter. Kuschelsex hatten sie schon genug. Nun haben sie einen Partner gefunden, mit dem sie sich richtig austoben können.

Schöne Dessous und schmeichelnde Bettwäsche können zusätzliche Lust bescheren. Sehen und Fühlen sind zwei Sinne, die bei beiden Sternzeichen während des Liebesaktes außergewöhnlich stark aktiviert werden.

21

Krebs als Partner des Löwen

Der Löwe findet im Krebs einen Bewunderer der besonderen Art. Denn als Krebs versteht der Partner die Gefühle des Löwen. Im Gegenzug erhält er eine sichere Schulter zum Anlehnen. Natürlich muss hier nicht immer der Mann der Löwe sein. Auch weibliche Partner sind unterbewusst manchmal die stärkeren Individuen – auch wenn sie nicht immer damit prahlen. So findet der Krebs einen sicheren Hafen.

Als sensibler Mensch kann er zu großen Turbulenzen und Risiken des Lebens weniger abgewinnen. Hat der Löwe im Krebs einen Partner gefunden, der ihm Anerkennung für seine Leistungen entgegenbringt, wird die Beziehung in vielen Fällen positiv verlaufen. Nicht selten ergibt sich eine Symbiose aus einem Unterstützenden Teil und einem kämpferischen Teil. In der heute schnelllebig gewordenen Zeit bedeutet das, dass beide am gleichen Strang ziehen und Hindernisse gekonnt umschiffen. Krebse kommen in einer Löwe-Beziehung nicht zu kurz. Löwen haben genug Selbstbewusstsein, dem Partner Freiraum zu geben und Eifersucht gehört nur selten zu ihrem Repertoire. Dazu gibt ihnen der Krebs auch selten Anlass.

Das Liebesspiel des Löwe-Krebs Paares

Kann der Löwe Stellung und Schnelligkeit bestimmen, wird er Sex meist als wundervollen Teil der Beziehung genießen. Krebse, die darauf eingehen, kommen fast immer auf ihre Kosten. Denn Löwen geizen nicht damit, jede Liebkosung, die ihnen entgegengebracht wird, auch zu erwidern. Darin erweisen sie sich als zärtliche ausdauernde Liebhaber, die einem anderen Sternzeichen in nichts nachstehen. Obwohl Kuschelabende und endlose Vorspiele nicht dem Naturell des Löwen entsprechen, versteht er es in der Regel sich zurückzunehmen und dem Krebs seine Wonnen zu gönnen. Liegen beide mit einem Glas Rotwein in der Badewanne, entspinnt sich meist ein zärtliches Spiel, das erotischer kaum sein könnte. Krebse können nämlich wundervoll mit dem Mund verwöhnen. Und Löwen begnügen sich nicht damit, einfach nur zuzusehen.

Krebse haben oft eine Vorliebe für gute Küche und perfektionieren ihre Kochkünste im Laufe des Lebens bis zur Meisterschaft. Ein erotisches Dinner oder ein Dinner mit verbundenen Augen können dieses Paar aus der Fassung bringen. Da beide gerne genießen, geht hier die Liebe immer durch den Magen.

Löwe als Partner des Löwen

Ein Königshaus der edlen Geschlechter. Gegenseitiger Respekt und Anerkennung können hier mehr bewirken als sich im Kampf zu messen. Löwen sind starke Persönlichkeiten, die nicht gerne klein beigeben. Sollten Sie es trotzdem einmal tun, werden sie vermutlich gleichzeitig das Weite suchen. Hier ist also Fingerspitzengefühl gefragt.

Ist die Dame oder der Herr im Moment nicht in Stimmung? Dann sollten Sie allzu stichelnden Diskussionen aus dem Weg gehen. Ein geordneter Rückzug ist hier manchmal angebrachter, als Verletzungen davon zu tragen oder zuzufügen.

Beide Löwen – männliches wie weibliches Exemplar – zollen und erhalten gerne Anerkennung für ihre Taten. Komplimente hört ein Löwe immer gerne. Im Gegenzug ist er sehr großzügig und tolerant. Allerdings wird er es vermeiden, im Schatten seines Partners zu stehen. Ihm liegt eine Partnerschaft auf Augenhöhe. Haben Löwen-Paare Kinder, kümmern sie sich mit Hingabe um den Nachwuchs. Sie hätten sich kaum ein gerechteres und besonneneres Elternpaar aussuchen können.

Das Liebesspiel des Löwe-Löwe Paares

Das Sexleben des Löwe-Paares ist von keinen theoretischen Exkursen begleitet. Beide wollen auf direktem Weg Sex – ohne komplizierte Diskussionen. Weil beide ich-bezogene Elemente in sich tragen, fällt es ihnen nicht schwer, sich das zu holen, was sie in jedem Moment brauchen. Da sie in der Regel sagen, was sie sich wünschen, kommt es kaum zu Missverständnissen im Bett. Sollte einer einen schlechten Tag haben, muss der andere sich sehr anstrengen, ihn noch auf andere Gedanken zu bringen. Dieses Paar sollte sich bemühen, sich in den Partner hinein zu versetzen und nicht immer nur an das eigene Glück und die eigene Befriedigung zu denken.

Wird dieser Ratschlag beherzigt, kann diese Beziehung auch im Bett zu wundervollen Momenten führen. Und ein Geheimnis sei noch verraten: Löwinnen lieben es, wenn sie von hinten genommen werden. Aber Vorsicht: Wenn sie den eigenen Orgasmus nicht von ihrem Partner geschenkt bekommen, holen sie ihn sich danach – garantiert.

Jungfrau als Partner des Löwen

Junfrauen verstehen es in dieser Konstellation ihren Löwen zu Meisterleistungen anzuspornen. Nicht selten baut ein so motivierter Löwe sein Haus mit den eigenen Händen. Zumindest wird er nicht davor zurückschrecken, sich dabei die Hände schmutzig zu machen.

Der Löwe findet in der Jungfrau die perfekte Organisatorin seines Tagesablaufs. Ist es ein Urlaub, ein Wochenendausflug oder nur ein Familienfest – die Jungfrau plant perfekt und hat die Organisation komplett im Griff. Daran liegt es auch, dass Löwen sich ganz auf ihre Eroberung verlassen. Das können sie auch.

Dieses Paar bringt so schnell nichts auseinander. Löwen und Jungfrauen kümmern sich hingebungsvoll um ihren Nachwuchs, können ihn aber auch lautstark in die Schranken weisen. In der heutigen Zeit stellt dieses Paar eine Verbindung dar, die jeder Herausforderung die Stirn bieten kann und auch in Krisensituationen immer einen Ausweg findet.

Das Liebesspiel des Löwe-Jungfrau Paares

Das Liebesspiel dieses Paares gestaltet sich etwas schwieriger als das Zusammenleben. Denn was im Alltagstrott noch funktioniert, ist im Bett oft so nicht möglich. Das Konfliktpotenzial liegt hier in den Machtverhältnissen.

Sind Jungfrauen sonst die perfekten Manager und halten sich im Hintergrund, möchten sie im Bett keinesfalls beherrscht werden. Löwen treffen hier auf einen Partner, der sich nicht naturgemäß unterordnet. Jungfrauen wollen selbst mitbestimmen, wohin die Reise geht. Hat der Löwe die notwendige Einsicht, können sich im Bett die Spannungen legen und das Paar geht auf gemeinsame Höhenflüge.

Der Löwe hält meist wenig von Sexspielzeug. Er ist direkt und Spielzeug bedeutet für ihn nur unnötiges Beiwerk. Auch Jungfrauen sind eher bodenständig und bevorzugen es lieber klassisch. Allzu gewagte Experimente lehnen beide meist ab – außer sie entdecken ihre kreative Ader und können alle sonstigen Gedanken ausschalten.

Waage als Partner des Löwen

Ein Pärchen, das zu beneiden ist?
Natürlich!
Denn hier werden alle Schlechtwetterperioden mit Optimismus weggewischt. Streitereien – sollte es überhaupt zu diesen kommen – werden meist mit einem lauten Krach erledigt und sind danach vergessen. Eine ideale Verbindung für eine Familie, in der es immer mal wieder zu Meinungsverschiedenheiten kommen kann. Beide Partner verstehen es sehr gut, mit einander zu kommunizieren.
Da Waagen sich sehr gut auf ihren Partner einstellen können, merken sie sofort, dass der Löwe gerne Anerkennung für seine Leistung erhält. Man könnte nun meinen, der Löwe hätte in der Waage seinen Bewunderer gefunden. Waagen werden dem widersprechen. Sie verstehen es perfekt, die Stimmung des Partners für die jeweilige Situation zu nutzen und gestalten so den Alltag mit gleicher Kraft mit.
Das Löwe-Waage-Paar ist meist kreativ und voller Tatendrang. Beide interessieren sich für Kultur und lassen sich gerne treiben. Sie verfolgen ihre Ziele nicht mit Scheuklappen. Wird etwas anderes für gut befunden, wird es ausprobiert und übernommen. Das macht es dem Paar leicht, sich schnell in neuen Situationen zurechtzufinden.

Das Liebesspiel des Löwe-Waage Paares

Die optimistische Grundeinstellung dieses Paares setzt sich auch im Liebesnest fort. Hier beweist sich ein ums andere Mal, dass hier ähnliche Interessen zueinander gefunden haben.

Der Löwe liebt es meist stürmisch und kraftvoll. Jedoch lässt er sich durch die diplomatische Art der Waage auch gerne vom Gegenteil überzeugen. Und so soll es nach einiger Zeit sogar endlos lang kuschelnde Löwen geben. Beide sind jedoch so kreativ im Bett, dass selten Langeweile aufkommt.

Der Löwe gibt in der Regel den Takt an. Er ist es, der die dominante Position einnehmen will. Waagen verstehen es sehr gut, ihren Löwen etwas zappeln zu lassen, bevor er seine ganze Kraft ausspielt. Vorsicht ist jedoch vor Spielchen geboten, die den Löwen lächerlich machen. Dann kann er seine Krallen ausfahren und seiner Natur entsprechend brüllen.

Im Großen und Ganzen verlaufen die Abenteuer dieses Paares im Bett stürmischer als bei anderen Paaren. Waagen verstehen es gut, die Stimmungen ihres Partners zu deuten und in sexuelle Energie umzuwandeln – dann haben beide etwas davon.

Skorpion als Partner des Löwen

Zuckerbrot und Peitsche?
So oder ähnlich wird diese Beziehung oft beschrieben.
Löwen, die naturgemäß alle anderen Sternzeichen dominieren, finden im Skorpion einen Partner, der hier mit seinem giftigen Stachel spielen kann. Der Löwe fordert in dieser Konstellation offen zum Kampf heraus. Und ein Skorpion kämpft anders. Er brüllt nicht laut und dann ist die Angelegenheit wieder vergessen. In ihm bleiben Eifersucht und Zorn besonders lange am Leben. Löwen, die sich auf ein solches Verhältnis einlassen, sollten sich vor dem Fremdgehen hüten. Ihr Skorpion wird ihnen im Innersten seines Herzens diesen Fehltritt nie richtig verzeihen können. Aber nicht nur in der Liebe – auch im Alltag – haben sich hier zwei kämpferische Naturen gefunden. In kaum einer anderen Beziehung wird so viel offen diskutiert und gestritten. Energie haben beide genug dafür.
Soll die Bindung ein ganzes Leben lang halten, werden sich beide auf Kompromisse verständigen müssen. Von Löwen ist Treue gefordert, von Skorpionen Toleranz. Bewegen sie sich auf diese Art auf einander zu, steht diese Beziehung unter einem leuchtenden Stern und wird nie langweilig.

Das Liebesspiel des Löwe-Skorpion Paares

Löwe und Skorpion sollten sich beide davor hüten, Sex als Machtmittel zu missbrauchen. Dadurch berauben sie sich der schönsten Momente, die diese Beziehung zu bieten hat.
Also bitte keine vorgetäuschten Kopfschmerzen!
Liegen sie aber dann endlich im Bett, finden sie sehr gut zusammen. Sie ergänzen sich in Kraft und Ausdauer. Auch die Dominanz wechselt hier zwischen ihnen hin und her. Nicht selten ergeben sich daraus aufregende Spielarten eines nicht alltäglichen Sexuallebens.
Der Löwe, der die Natürlichkeit liebt, lässt sich gerne vom Skorpion für ausgefallene Praktiken begeistern. Ein Paar, das nicht selten durch Sexshops streift und mit Lack und Leder oder sogar mit Handschellen vom Einkauf nach Hause kommt. Fesselspiele und verbundene Augen, das sind die Experimente, die dieses Paar auf jeden Fall einmal ausprobieren sollte.

Schütze als Partner des Löwen

Beide geben ein glänzendes Paar ab. Und mit „glänzend" ist hier wirklich ihre Aura gemeint. Denn sie lassen sich gleichermaßen gerne von anderen bewundern.

Beide genießen es, wenn ihre Leistungen oder ihr Aussehen vom Partner entsprechend geschätzt werden. Da sie von ihren Partnern immer genug Anerkennung erhalten, geben sie diese auch gerne wieder zurück. So entsteht ein kräftiges Band zwischen ihnen, das von keinem Außenstehenden zerschnitten werden kann.

Das Löwe-Schütze-Paar sollte jedoch aufpassen, sich nicht immer im Freundeskreis als allzu glorreich dazustellen. Die Freunde könnten sich sonst genervt distanzieren.

Eifersucht und Streitsucht findet man zwischen ihnen meist vergebens. Denn beide wissen genau, was sie aneinander gefunden haben. Nicht selten gründen sie eine Familie und leben ihr Ziel vom eigenen Glück aus, während andere Paare es ewig suchen und nie finden.

Konflikte werden sachlich und harmonisch ausgetragen. Der Respekt voreinander wird in dieser Beziehung als höchstes Gut betrachtet.

Das Liebesspiel des Löwe-Schütze Paares

Beide, Löwe und Schütze, lieben das Abenteuer. Da sie selbstbewusst ihren Weg gehen, bringen sie ihre eigenen Vorstellungen ohne Schüchternheit ein. Sie profitieren dabei von einander. Leidenschaft steht bei ihnen, wie bei kaum einem anderen Sternzeichen, an erster Stelle. So ergibt es sich, dass sie gerne und oft Sex haben.

Da sie natürlich veranlagt sind, lieben sie es, sich nackt zu brachten und auch so durchs Haus zu bewegen. Sex genießen sie wie eine süße Frucht. Sie lieben es, den Partner mit wundervollen Liebkosungen zu verwöhnen. So gehört Oralsex eindeutig zu ihrem Repertoire und wird von beiden mit voller Hingabe ausgeübt und perfektioniert.

Findet ein Partner neue erogene Zonen auf der Haut des anderen, werden diese sofort mit ins Liebesspiel einbezogen und das Paar schaukelt sich so auf ekstatische Höhen. Literatur über das Liebesspiel ist beiden in der Regel fremd – denn auf neue Spielarten kommen sie selbst.

33

Steinbock als Partner des Löwen

Nicht alle optimistischen Löwen werden in dieser Konstellation glücklich. Denn hier sind Kompromisse gefragt. Der ordnende und sorgenvolle Charakter des Steinbocks verhält sich entgegengesetzt zum großzügigen, freien und manchmal sogar verschwenderischen Geist des Löwen. So bildet sich hier in der Regel ein Paar, das nicht immer der gleichen Meinung ist. Besonders bei gemeinsamen Ausgaben tun sich Gräben auf, die immer aufs Neue überbrückt werden müssen.

Die Gesundheit der Beziehung wird in erster Linie davon abhängen, in wie weit beide Partner bereit sind, an sich zu arbeiten. Will der eine nur den anderen verändern, wird das nicht funktionieren. Hier ist ein Entgegenkommen beider Seiten nötig. Das Geheimnis einer langen Beziehung zwischen Löwe und Steinbock liegt in der gegenseitigen Akzeptanz. Hier entscheidet sich, ob die Verbindung auf Dauer angelegt ist. Nimmt man sich so, wie man ist, steht die Beziehung unter einen guten Stern.

Das Liebesspiel des Löwe-Steinbock Paares

Der Sex des Steinbocks ist in der Regel nüchterner und weniger romantisch als der des Löwen. Allerdings lässt er sich vom Löwen für Sex begeistern. Hier liegt es an beiden, auf einander zuzugehen, um Missverständnisse zu vermeiden.

Der Steinbock sollte mit Kritik zurückhaltend sein und nicht durch seine realistische Art die Sexualität des Löwen vom Sockel stoßen. Wenn der Löwe träumen will, sollte man ihm seine romantischen Vorstellungen lassen. Nicht alles muss in ein Muster passen.

Hat der Steinbock den Zugang zum Löwen gefunden, wird er ihn auch für seine eigenen Wünsche begeistern können. Da Löwen gemeinhin als verschwenderische Liebhaber gelten, wird er so gut wie immer auf seine Kosten kommen. Und damit sind keine Geschenke gemeint, sondern Liebesbeweise in jeglicher Form, z.B. als wundervolle Zärtlichkeiten. So kann das Bett für beide ein Tempel werden – ein Gegengewicht zum stressigen Alltag.

Der Löwe sollte den Steinbock ab und zu nach seinen intimsten Wünschen fragen. Nicht selten erfährt er dann, was seinen Partner wirklich in höchste Erregung versetzt.

Wassermann als Partner des Löwen

Katzen scheuen das Wasser. Trotzdem gibt es diese Verbindung nicht allzu selten. Begeistert verlieben sie sich in einander, auch wenn Außenstehende die Hände über der Kopf zusammen schlagen.

Nach einer Zeit beweist sich allerdings, dass Verliebtheit alleine noch keine gesunde Ehe macht. Zum einen liegt das an der Art des Wassermanns, der die Königsstellung des Löwen sofort als sein Mittel zum Zweck erkennt. So kann er ihn sehr leicht durch Komplimente und Kritik dahin steuern, wo er ihn haben will. Löwen hingegen hören wenig auf die Vorschläge des Wassermanns und treten immer wieder daneben.

Haben sich die ersten Liebesträumereien gelegt, folgt meist die Ernüchterung beider Partner. Um die Beziehung zu retten, bedarf es Arbeit beider Seiten. Gegenseitiges Verständnis und Kommunikation sind hier die Heilmittel.

In finanziellen Dingen sollte das Paar bei wichtigen Entscheidungen immer einen Fachmann um Rat fragen. Das Geld hierfür ist immer richtig angelegt und bewahrt vor übereilten und falschen Entscheidungen.

Das Liebesspiel des Löwe-Wassermann Paares

Es ist von Anfang an aufregend. Denn der Wassermann versteht es, dem Löwen die geheimsten Wünsche zu entlocken. Ein Löwe, der die Extravaganz liebt, kommt hier ganz auf seine Kosten. Denn einen Wassermann kann so gut wie nichts erschrecken. So können beide ihre innersten Neigungen offenbaren und werden heißen Sex erleben.

Geraten die Experimentierfreuden des Wassermanns aber auf allzu extreme Abwege, wird ihm der naturverbundene Löwe nicht mehr folgen wollen. Hier zeigt sich, zu was der Löwe noch bereit ist.

Ist die Verbindung von gegenseitigem Respekt gekrönt und macht jeder nur das, was dem anderen ebenfalls Spaß bereitet, kann es die ideale sexuelle Beziehung sein. Durch den Erfindungsreichtum des Paares kommt es ständig zu neuen Ideen, die zu wundervollen Lustmomenten führen.

Eine Liebesnacht unter freiem Sternenhimmel gehört zu den schönsten Erfahrungen, die dieses Paar erleben kann.

Fische als Partner des Löwen

Der sensible und geheimnisvolle Fisch findet im Löwen einen Partner, der ihn nie ganz ergründen wird.

Ein Löwe, der zu selbstherrlichen Darbietungen neigt, steht nicht auf der Wunschliste des Fisches, der sich vom Partner Einfühlungsvermögen wünscht. So wird man einem Fisch, der auf Dauer nicht glücklich wird, die Trennung empfehlen müssen. Nicht selten leben die Partner dieser Beziehung nebeneinander her, ohne je die Tiefgründe ihres Liebsten erforscht zu haben. Um dieser Gefahr vorzubeugen, empfiehlt es sich schon früh den Charakter des anderen auszuloten, um dann später vor Überraschungen sicher zu sein.

Im Löwen findet ein Fische-Geborener einen großzügigen Partner, der es nie an etwas fehlen lässt. Pleiten sind hier also nicht zu befürchten. Lassen sich beide ihren Freiraum – und auch den geistigen Austausch mit anderen Menschen – kann diese Beziehung lange Bestand haben. Dann haben sich zwei Tierkreiszeichen verbündet, die zwar nicht immer in Harmonie zusammen leben können, aber trotzdem ihr Glück finden werden.

Das Liebesspiel des Löwe-Fische Paares

Fische, denen Vorspiel und Zärtlichkeit wichtig sind, finden im Löwen einen Partner, der ihnen eigentlich entgegenkommt. Allerdings können sie es nicht leiden, wenn der Löwe andauernd dafür Bewunderung ernten will.

Beide Partner mögen den Kontakt ihrer Körper auf der Haut und lieben es, nackt zu schlafen. Seidene Bettwäsche kann für beide wie ein Orgasmus wirken. Fische lieben es in der Regel genauso natürlich wie Löwen. So stört jedes Beiwerk und jede Spielerei eigentlich die Vereinigung.

In dieser Konstellation legen beide wenig Wert auf Dessous. Denn als Aphrodisiakum wirken ihre Körper selbst. Da sich beide so ursprünglich wir möglich wünschen, lieben sie es auch, sich intim zu rasieren. Die so befreiten Zonen werden vom Partner gerne mit Ölen verwöhnt, um danach in Wollust zu verschmelzen.

Der Jahresrhythmus der Sternzeichen

Wie beim bekannten Biorhythmus gibt es auch in der Liebe zeitweise Höhen und Tiefen. In der Partnerschaft kann es deshalb zu Hochgefühlen und Konflikten kommen, die persönlich schwer beeinflusst werden können. Manchmal denken wir, dass wir schon morgens mit dem falschen Fuß aufgestanden sind, an anderen Tagen fühlen wir uns energiegeladen und uns gelingt alles, was wir uns für diesen Tag vorgenommen haben. Wenn es uns gelingt, die innere Uhr abzulesen, die von unserem Sternzeichen beeinflusst wird, haben wir die Möglichkeit, unser Leben positiv zu beeinflussen. Nicht immer ist es vorteilhaft, sich mit aller Kraft einer inneren Stimmung entgegen zu stemmen. Wenn wir die Ursache jedoch kennen, können wir auch mit unseren Schwächen behutsamer umgehen und sie lieben lernen.

Wir sind eine Einheit aus Geist und Körper. Wenn etwas aus dem Gleichgewicht gerät und eine Seite elementar vernachlässigt wird, hat das oft gesundheitliche Probleme zur Folge. Um dieser Gefahr vorzubeugen, genügt es, seine innere Stimme lesen zu lernen um seine Reserven besser abschätzen zu können.

Die folgenden Diagramme helfen dabei, unbewusste Schwächen und Höhen des Sternzeichens im Jahresverlauf zu erkennen – auch wenn sie zum jeweiligen Zeitpunkt vielleict nicht offensichtlich sind. Ist eine Kurve im Tal, bedeutet das nicht, dass es zur Zeit unmöglich ist, gewisse Dinge trotzdem in Angriff zu nehmen. Im Gegenteil: Es sollte Motivation geben, die zur Zeit vernachlässigten Bereiche in Eigeninitiative zum Positiven zu wenden.

Die Sterne beeinflussen zwar unser Leben, jedoch können wir eigene Richtungen und Impulse setzen, die auch in scheinbar negativen Konstellationen zu Erfolg und Glück führen können.

40

Libido

Diese Kurve zeigt unsere unbewusste sexuelle Energie an. Zeiten sexueller Aktivität und Kraft wechseln mit scheinbar lustlosen Momenten. In Zeiten der Hochphasen, spüren wir die sexuelle Anziehungskraft des Partners besonders stark. Wir begehren und wünschen uns begehrt zu werden. Schläft die Libido zeitweise ein, ist es an der Zeit, das Feuer neu zu entfachen.

Körper

Der eigene Körper gerät in dieser schnelllebigen Zeit oft in Vergessenheit. Oft spüren wir ihn erst, wenn er Warnsignale aussendet. Manchmal ist es dann schon zu spät, ihm wieder Erholung zu verschaffen. In Zeiten der Kraftlosigkeit empfiehlt sich Sport, Wellness und die Beschäftigung mit dem eigenen Körper.

Geist

Im Berufsleben beanspruchen wir ihn oft so stark, dass wir zu Hause nur noch unsere Ruhe haben wollen. Stress ist Gift für unsere Seele. Er wirkt sich negativ auf unsere Gesundheit aus. Viele Menschen gönnen sich zu wenig Zeit für sich selbst. Meditation und Entspannungstechniken helfen uns dabei, Krisensituationen zu meistern und wieder Energie zu tanken.

Liebe

Liebe bedeutet hier, dem Partner Aufmerksamkeit zu schenken, und ihm zuzuhören. Niemand steht seinem Partner näher als Sie selbst. Es liegt an Ihnen, Situationen zu wundervollen Momenten zu verwandeln. In diesen vertrauensvollen Phasen spüren sie das innere Band, das sie verbindet.

Löwe-Frau

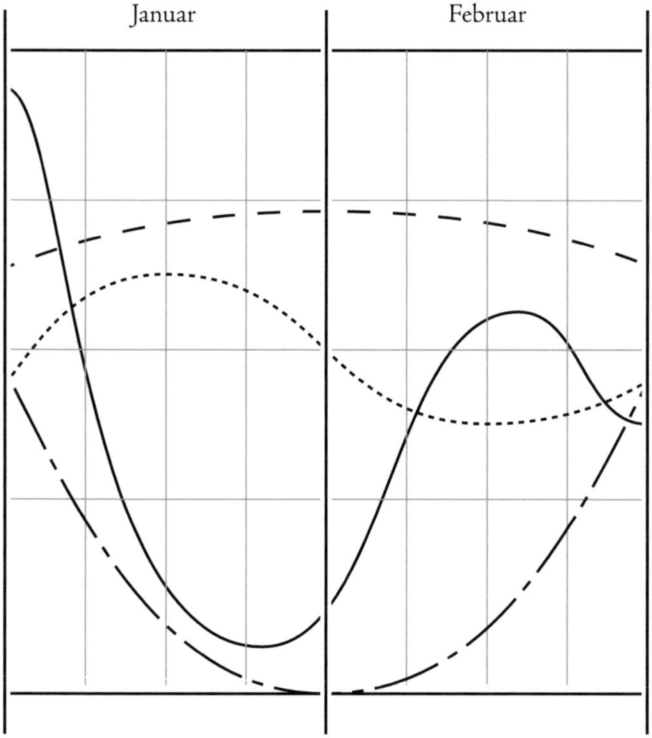

Januar	Februar

———— Libido

– – – – Körper

—·—·— Geist

················· Liebe

42

Löwe-Frau

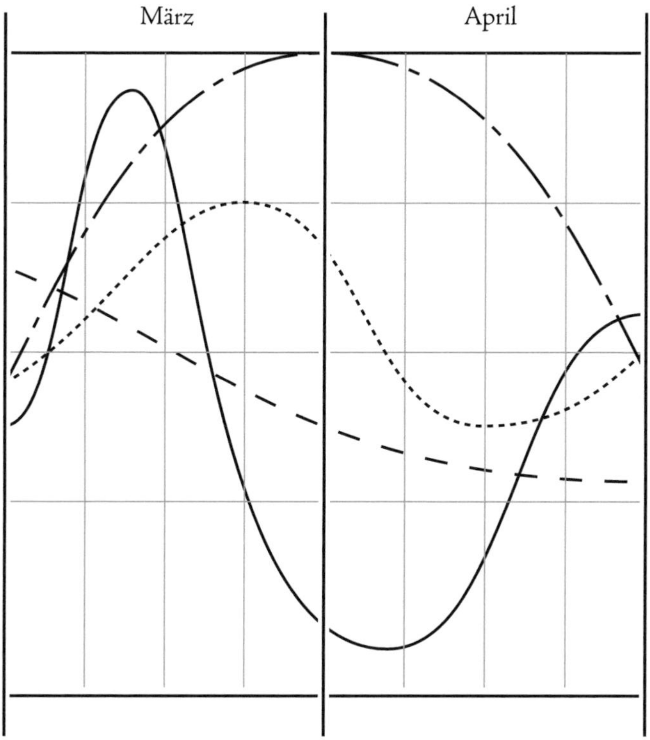

März	April

——— Libido

- - - - Körper

—·—·· Geist

············· Liebe

43

Löwe-Frau

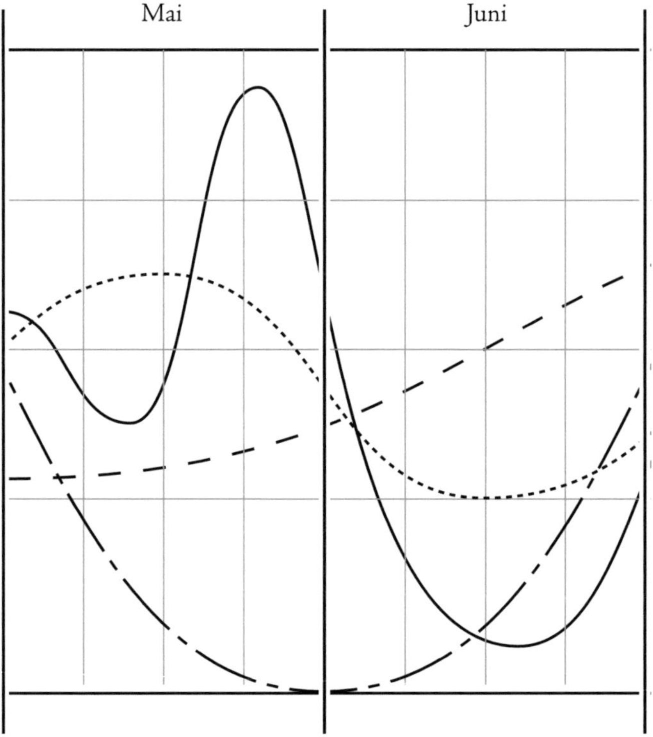

Mai	Juni

———— Libido
- - - - Körper
—·—·— Geist
················· Liebe

44

Löwe-Frau

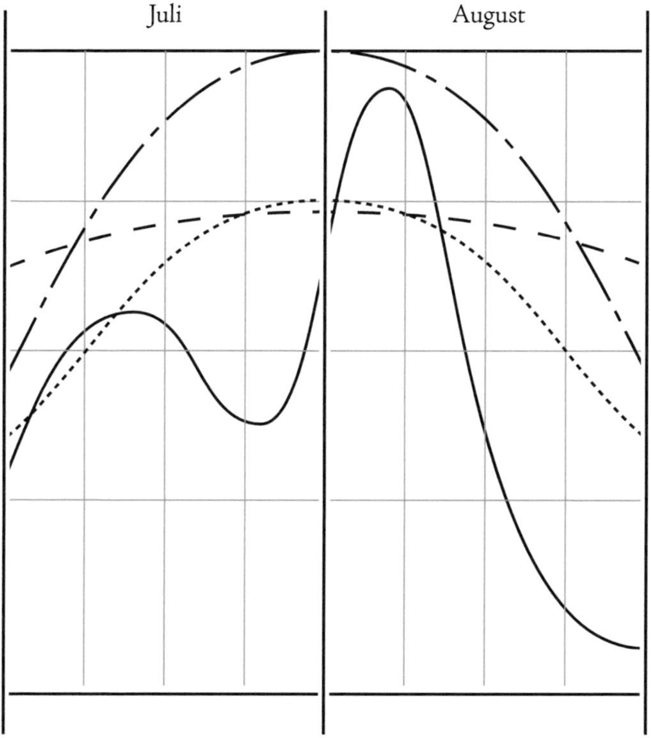

Juli	August

——— Libido
- - - - Körper
—·—·· Geist
·············· Liebe

45

Löwe-Frau

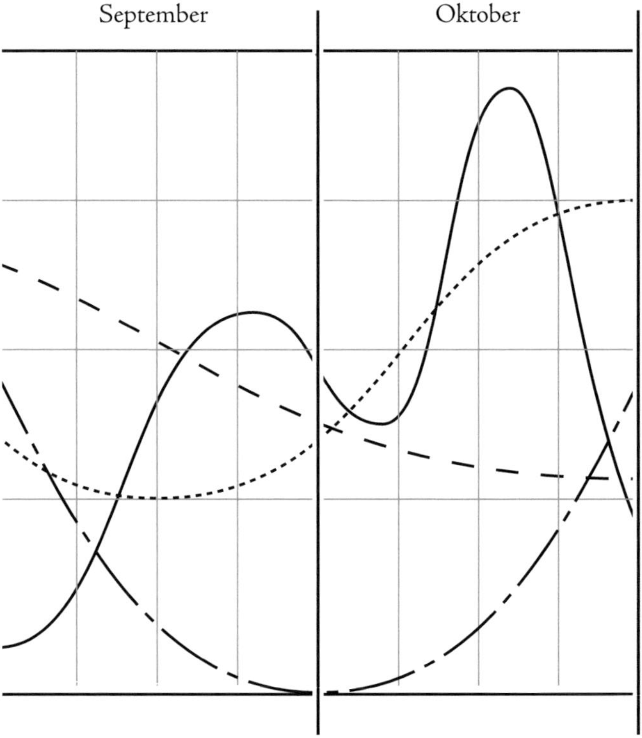

September	Oktober

——— Libido
– – – – Körper
—·—·— Geist
············ Liebe

46

Löwe-Frau

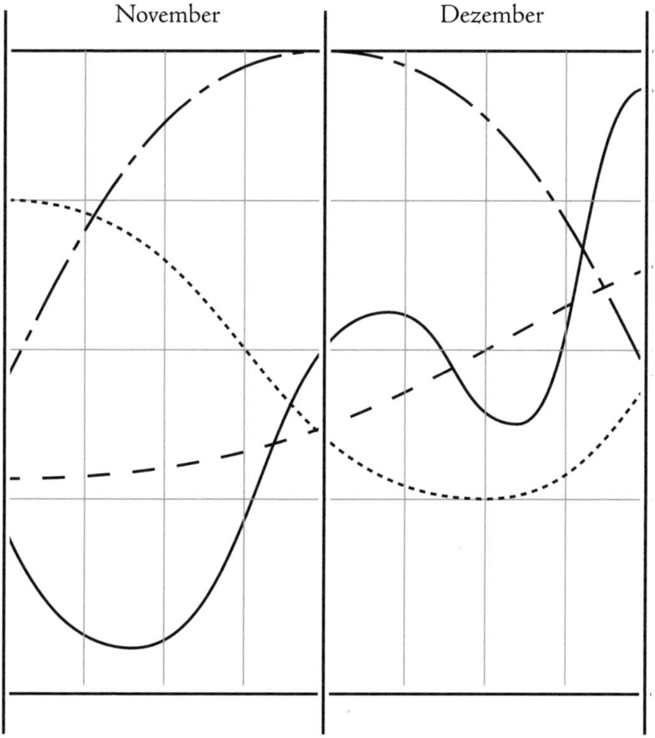

November	Dezember

——————— Libido
– – – – – Körper
—·—·—·· Geist
·················· Liebe

47

Löwe-Mann

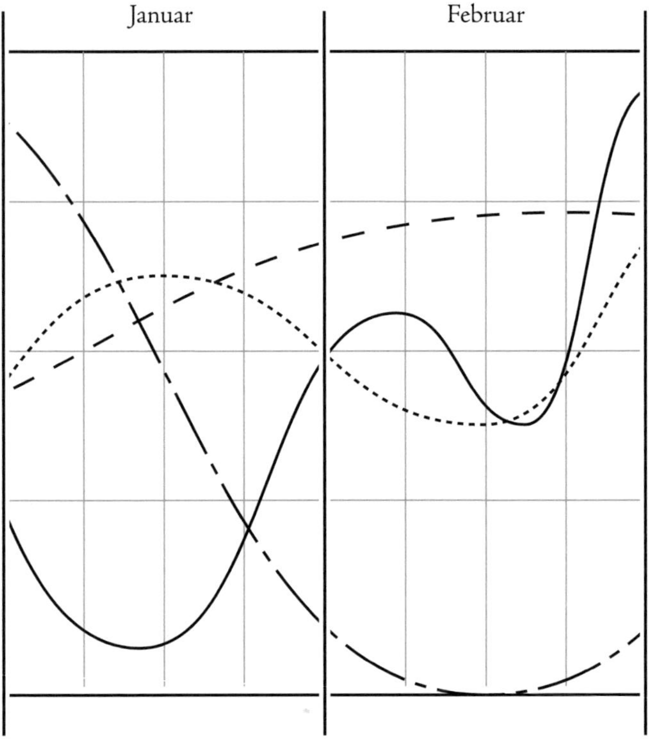

Januar	Februar

——— Libido
– – – – Körper
—·—·· Geist
·········· Liebe

Löwe-Mann

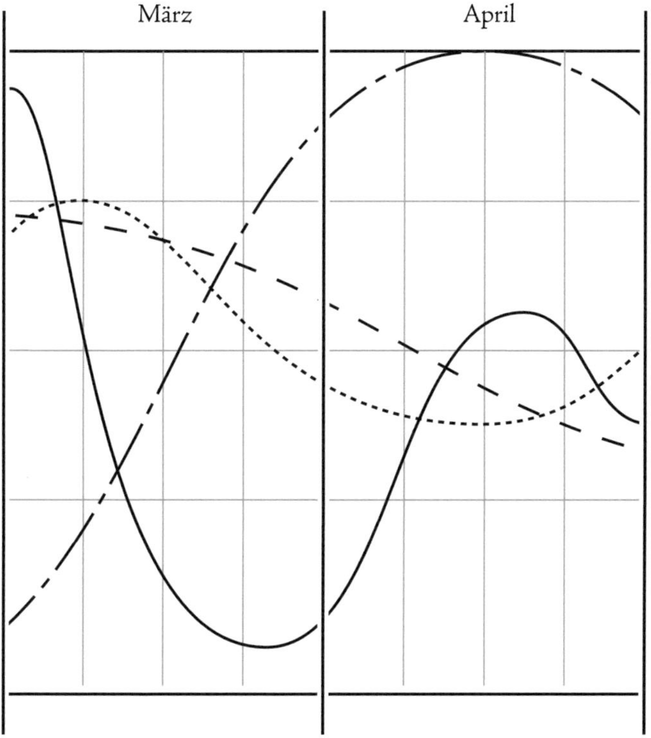

März	April

_____ Libido
- - - - - Körper
— · — · · Geist
·············· Liebe

49

Löwe-Mann

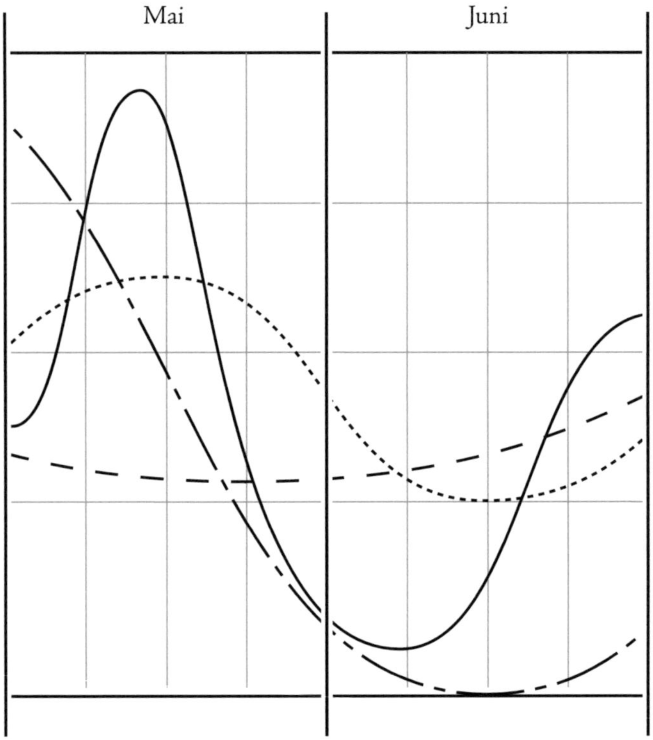

Mai	Juni

——— Libido
– – – – Körper
—·—·· Geist
············ Liebe

Löwe-Mann

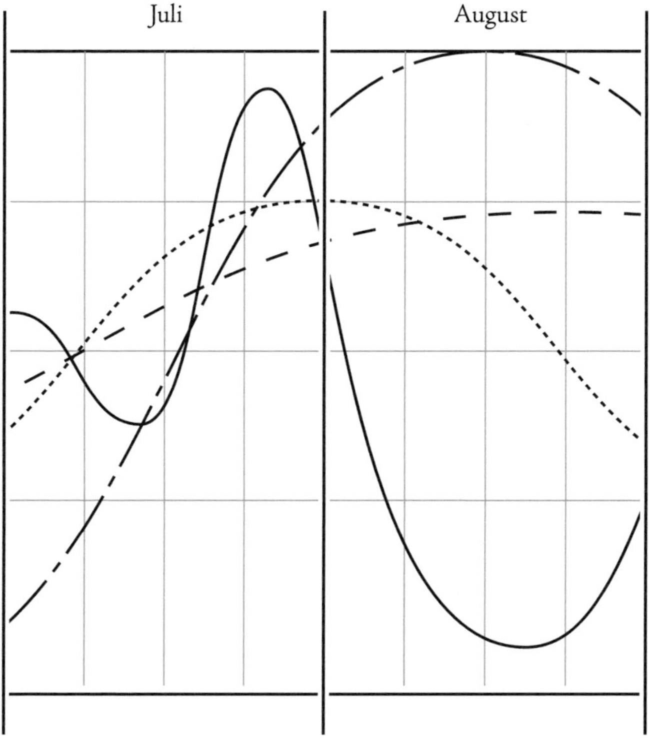

Juli	August

——— Libido

– – – – Körper

—·—·· Geist

············· Liebe

51

Löwe-Mann

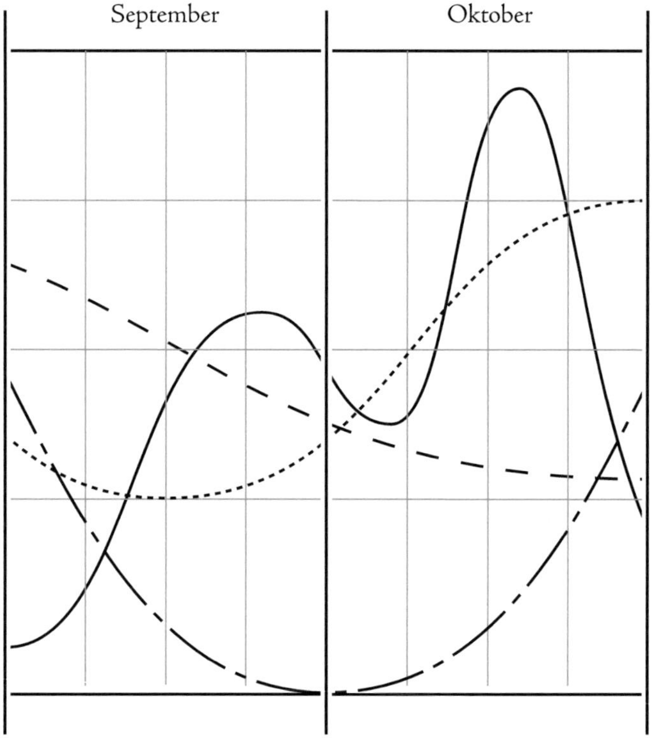

September	Oktober

———— Libido
– – – – Körper
—·—·· Geist
················ Liebe

Löwe-Mann

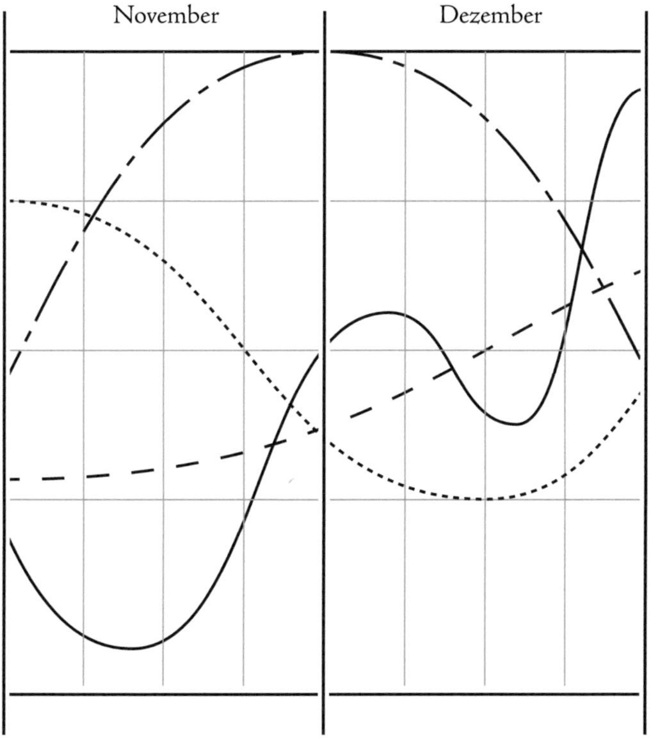

November	Dezember

——————— Libido

– – – – – Körper

—·—·—·· Geist

·················· Liebe

53

Literatur zu Sternzeichen und Astrologie

Hermann Meyer
Das Grundlagenwerk der psychologischen Astrologie: Erkenne
Deine Licht- und Schattenseiten und die Deiner Mitmenschen

Frances Sakoian, Louis S. Acker
Das grosse Lehrbuch der Astrologie: Wie man Horoskope stellt
und nach neuesten wissenschaftlichen Erkenntnissen Charakter
und Schicksal deutet

Hermann Meyer
Astrologie und Psychologie: Eine neue Synthese

Christopher A. Weidner, Sabine Bends
Intuitive Astrologie: Nutzen Sie Ihr inneres Wissen für tiefe
Einsichten über sich selbst

Frank Felber
Wiederkehrhoroskope: Der Schlüssel zu verborgenen Zyklen

Ingrid Zinnel
Familienkonstellationen im Horoskop: Verstrickungen und
Lösungen aus astrologischer Sicht

Literatur zu Entspannung und Sexualität

Jan Aalstedt
Der multiple Orgasmus des Mannes. So kommen Sie nicht
mehr zu früh und können mehrere Höhepunkte erleben.

Ludwig Reichenbach
Endlich mit Frauen flirten: Wie Sie lernen, Schüchternheit und
Angst vor dem Flirten mit einfachen Übungen erfolgreich selbst
zu überwinden

Ludwig Reichenbach
Endlich mit Männern flirten: Wie Sie lernen, Schüchternheit
und Angst vor dem Flirten mit einfachen Übungen erfolgreich
selbst zu überwinden

Lou Paget
Der perfekte Liebhaber: Sextechniken, die sie verrückt machen

Lou Paget
Die perfekte Liebhaberin: Sextechniken, die sie verrückt machen

Lou Paget
Der Super-Orgasmus: Höhepunkte zum Abheben

Jon Kabat-Zinn
Gesund durch Meditation: Das große Buch der Selbstheilung

David Servan-Schreiber
Die Neue Medizin der Emotionen: Stress, Angst, Depression:
Gesund werden ohne Medikamente